Hanna och den flygande mattan

Heidi Olsson

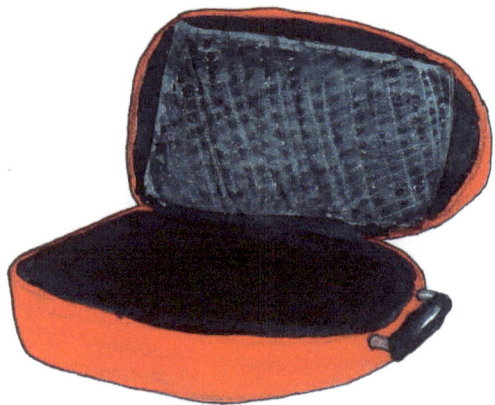

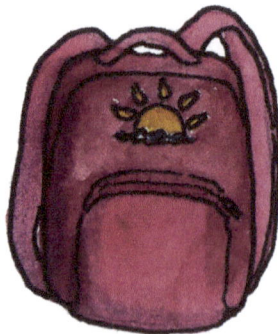

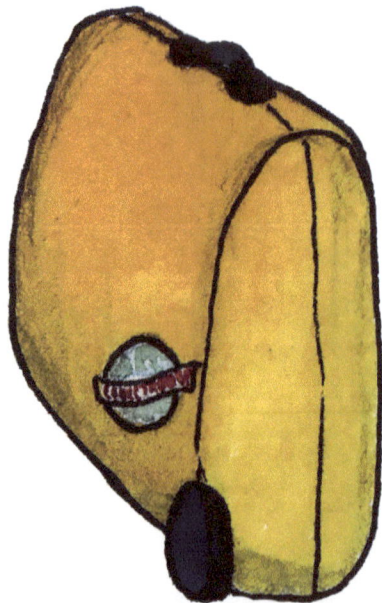

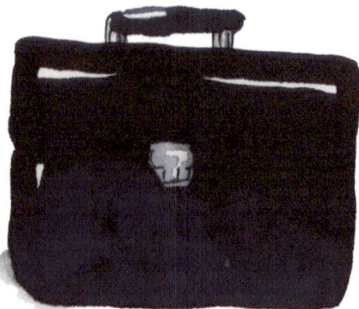

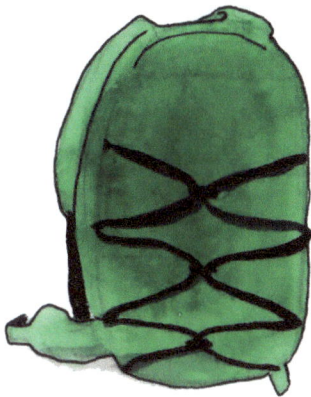

Till min familj,
och till alla barn,
yngre och äldre,
som har inspirerat och hjälpt mig.

*Visa oss världen
genom era magiska
ögon!*

First published in Great Britain by Springtime Books 2020 Copyright: Heidi Olsson

ISBN: 978-1-9993040-8-9

Jag heter Hanna.
Jag bor i England, men jag
är inte engelsk. Jag är antagligen
holländare. Mina föräldrar kommer
från Holland och jag bodde där förut,
men mina holländska kusiner säger
ändå att jag pratar konstigt. Jag föddes i
Kenya, så kanske är jag afrikan?

Jag har försökt vara så engelsk som möjligt i ett år nu. Jag trivs här. Jag gillar mina kompisar, min skola, min fotbollsträning och till och med min skoluniform! Mamma säger att det är dags för ett nytt äventyr. Hon ser glad och förväntansfull ut när hon säger det, för vi ska flytta till Tanzania. Mamma älskar Afrika. Jag vill inte flytta till en ny plats igen i hela mitt liv!

Jag vill inte säga hejdå. Mina kompisar pratar om vad de ska göra i sommar. Jag vill följa med Sarah till sommarlägret och titta på en riktig match med mitt fotbollslag. De vet att jag ska åka snart. Jag var den enda i klassen som inte blev bjuden på Jennys födelsedagskalas.

"Ska du tillbaks till de giftiga ormarna nu eller?" frågade Patric igår. Han går också i min klass. Jag tror han var arg på mig för att jag berättade för alla om den gröna mamban. Mamma slog ihjäl den med en spade en gång när jag var liten och vi bodde i Kenya. Jag minns det inte själv, men pappa brukar prata om det. Patric hade precis berättat om en huggorm han hade sett i muren bakom sitt hus. Jag antar att han trodde att jag skröt, men vad skulle jag annars prata om? Jag har ju aldrig sett en huggorm.

Jag har cyklat längs kanalerna i Holland, sett stora tulpanfält och ätit massor av smörgåsar med chokladströssel på. Jag har sett Mount Kenya och vilda elefanter, giraffer och till och med ett lejon. Och på alla platser jag har bott har jag vänner som jag saknar.

Jag vet inte hur det skulle vara att kunna åka och hälsa på sin mormor och morfar en eftermiddag om man känner för det, eller kunna prata med sina egna kusiner utan att låta konstig för att språket är blandat. Jag önskar jag visste var jag hörde hemma!

Inga fler "hejdå"! Mamma
säger att jag ska packa,
men det tänker jag inte
göra! De kan väl inte dra
mig ut ur rummet, eller?
Nu går jag och lägger mig!

Vad är det för ett konstigt,
surrande ljud? Vem
knackar på fönsterbrädan?

Utanför mitt sovrumsfönster
svävar ett helt gäng barn!
De viftar med armarna och
ropar att jag ska kliva
ombord. "Hej! Hjälp! Wow!
Vart ska vi? Vilka är ni?"
skriker jag. Det här är
galnare än det galnaste
jag någonsin har läst
om i någon bok!
Flygande mattor hör
hemma i urgamla
sagor om arabiska
pojkar. Den här
ser förstås lite
mer modern
ut, som
en vanlig
heltäckningsmatta
från en hall i ett
engelskt hem. Den
har en kant, men det
verkar vara den enda
säkerhetsutrustningen
(Mamma skulle bara veta!)
Mitt eget hem är redan
långt bakom oss, fartvinden
får mig att tappa andan,
men nu ser jag någon jag
känner igen bland alla de
här barnen.

"Omar, är det du?"

"Nästa Syrien!" säger Omar med ett lyckligt leende.

Omar är en av mina klasskamrater. Han är den ende på skolan utom jag som inte är riktigt engelsk. Han säger inte så mycket, men han är väldigt bra på fotboll. Vi är redan framme vid ett stenhus i Syrien! Den här mattan är snabb! Jag kan se barn som lutar sig ut genom ett fönster och viskar väldigt högt på arabiska. De tar tag i Omar och drar ner honom från mattan.

"Välkommen ombord, Hanna!" säger pojken vid instrumentbrädan. Ja, den här mattan har en instrumentbräda och det är en kille i min ålder som kör alltihopa!

"Jag heter Abdi", säger han. "Jag uppfann den här mattan när jag saknade min farmor i Somalia för mycket. Vart vill du åka?"

Jag tänker på min bästa vän Caroline i Holland. Henne vill jag träffa nu!

"Utrecht i Holland tack", svarar jag.

Mattan flyger vidare. Den hämtar och lämnar barn över hela världen. En flicka får träffa sin bror i Paris, en pojke sin bästa vän i Seoul. En flicka hoppar av vid sin gamla internatskola i Calcutta och en pojke får träffa sina systrar i Ontario. Fastän vi aldrig har träffats förut pratar vi och skrattar som om vi hade känt varandra hela livet.

Vi föddes till att resa. Vi har rest långt, med flygplan och båt. Vi har ätit nya sorters mat och lärt oss nya språk och sätt att leva och gjort massor av fåniga misstag. Vi har sagt hejdå så många gånger och fått nya vänner på nya platser. Ibland har det varit lätt och ibland har vi blivit retade eller mobbade. Så fastän vi har bott i så olika länder är det lätt att prata med de här tjejerna och killarna. Det är spännande att lyssna på deras berättelser. Och de lyssnar på mig utan att bli irriterade.

"Kolla
på det här!
säger en tjej
och pekar på världen
under våra fötter. Vad vi
är lyckliga som får resa runt och
uppleva den här fantastiska planeten!"

Abdi verkar ha kul när han manövrerar mattan. Ena stunden är vi så högt upp att vi inte kan avgöra om vi har land eller hav under oss. Nästa ögonblick rusar vi ner genom luften och blir svävande så nära havsytan att vi kan känna stänket från vågorna. Ibland glider vi långsamt igenom en vacker dal i Alperna eller förbi ett högt hus i Kuala Lumpur. Sekunden efteråt har vi så hög hastighet att allt omkring oss blir suddigt och vi bara uppfattar snabba doftstötar av exotiska blommor, soptippar, kryddig mat och salta havsvindar.

Jag tittar ner och ser plötsligt Hollands platta landskap, fälten som korsas av smala kanaler och väderkvarnarna. Snart är vi på min egen gamla gata och sekunden därpå kommer vi fram till Carolines fönster.

Nu är det min tur att knacka. En väldigt yrvaken Caroline lutar sig ut för att se vad det är som låter.

"Hanna?", säger hon sömnigt. "Det här måste va en dröm." Hon vänder sig om för att lägga sig i sängen igen.

Jag trycker mig in genom fönstret, tar tag i min väns axlar, vänder henne mot mig och kysser henne tre gånger på kinderna som vi gör i Holland. Hon stapplar bakåt av förvåning och sedan slår hon armarna om mig.

"Vi ses senare!" hojtar Abdi glatt och flyger iväg för att träffa sin farmor.

Caroline stirrar på mig. Hon vaknar verkligen långsamt! Jag får syn på min gamla katt som sover på hennes säng. Jag springer dit.

"Simba! Du är ingen kattunge längre!" Jag skrattar mot Caroline och borrar in ansiktet i Simbas päls.

"Är det verkligen du?" frågar Caroline. Hon börjar le. Jag kan inte hjälpa det. Jag försöker hålla nere ljudet men jag nästan bubblar över av skratt. Jag använder Simba som ljuddämpare. Caroline börjar fnissa och gömmer sig i sin kudde. Hennes föräldrar får inte höra oss! Den flygande mattan måste förbli en hemlighet!

"Du ser ut precis som vanligt!" säger Caroline till mig. "Fastän jag inte har sett dig på ett år!"

"Det gör inte du!" fnissar jag. "Ditt hår är för långt och trassligt!"

Hon ler. "Se dig själv i spegeln!", säger hon och pekar på mitt hår som vinden rufsat till.

"Vill du leka?" frågar jag.

"Såklart!" säger Caroline och drar ut en låda under sängen. En väldigt dammig låda. Hon öppnar locket. Där är den; vår värld som vi brukade bygga och leka med. "Mamma försökte slänga den men jag stoppade henne."

Jag tar upp en tom chokladströssel-låda som jag har målat och gjort hål i. Mitt gamla hus! Och där är vår gamla lärare, Karin. Vi gjorde henne av aluminiumfolie, papper och tejp, så hon har en väldigt glansig klänning.

"Vi har fått en ny lärare," säger Caroline. "Hon är också bra. Hon tog med oss till Amsterdam i förra veckan."

"Hur är det med vårt hemliga gömställe?" undrar jag.
"Har du berättat om det för någon?"

"Självklart inte! Det är ju hemligt! Och kartan är
fortfarande gömd i den stora kastanjen. Men nu har
Anneli och jag också en hemlig klubb. Du skulle ha
varit med om du hade varit här förstås."

Jag vill inte prata om det. "Vi flyttar till Tanzania
snart," säger jag. Jag känner hur både huvudet och
rösten sjunker när jag tänker på det.

"Häftigt!" säger Caroline.

Jag tar ett djupt andetag och ler. Det är sorgligt att lämna en plats, men det finns massor av roliga saker med ett nytt land också. "Jag vet! Elefanter, lejon, vita stränder och färsk mango. Det är ett jättehäftigt land. Och härligt och soligt också." säger jag, men jag vill fortfarande inte flytta.

"Jag har inte åkt längre än till Tyskland," säger Caroline. "Men vi ska åka på cykelsemester i sommar. Sova i tält och allting."

"Snälla, kom och hälsa på mig!" ber jag. Någon knackar på fönstret igen. Det är dags att säga hejdå. Jag kysser Simba och Caroline och hoppar ut genom fönstret och landar mjukt på mattan.

"Tot ziens, hejdå! Vi ses när vi ses!" säger jag med ett leende medan jag håller tillbaka tårarna. Vi är på väg igen.

"Hade du det bra?" frågar Abdi.

"Ja! Tack!" säger jag, även om jag saknar min gamla bästis ännu mer än innan.

"Jag hade en härlig pratstund med farmor," säger Abdi med ett strålande leende. Jag ser lite ris som sitter fast på hans kind. "Hon sparar alltid lite kvällsmat ifall jag skulle dyka upp. Och det är skönt att vara ensam med henne en stund när mina nya kusiner sover. Men det kan aldrig bli som förut. Jag brukade hjälpa till med korna och vardagssysslorna och lyssna på alla historier som folk berättade i byn, leka med mina kompisar och så. Allt är annorlunda nu. Men jag kan åtminstone träffa ayeeyo!"

"Vi ska flytta till Tanzania snart!" berättar jag.

"Wow! Det är ett superfint land! Jag kan ta med dig dit så får du se själv!" säger Abdi.

Luften blir hetare och fuktigare när vi glider fram över Afrikas kust, spanar på de vita stränderna, ananasodlingarna och kvinnorna som mjölkar sina kor i gryningen. När vi svävar över Serengeti lutar jag mig ut och klappar en giraff på huvudet. Jag känner mig plötsligt lycklig och äventyrslysten!

Vi åker och hämtar Omar. Vi måste dra riktigt hårt för att få upp honom på mattan, bort från alla de där kusinerna. Hans blick håller fast stenhuset tills det ser ut som en liten prick som slukas av ett hav av sand. Då sätter han sig ner och stirrar framför sig som om någon har tryckt på avstängningsknappen.

"Hur mår du?" frågar jag. "Var det kul att träffa dem igen?"

Han ler. "Det var så kul! Och de hade sparat mat till mig också! Jag önskar bara att jag kunde stanna där. Men det kan jag ju inte. Och jag kan inte ta med dem heller. Det är det värsta av allt. Jag vet inte när jag får se dem igen."

Jag sätter mig ner bredvid honom med blicken framåt och fötterna dinglande över kanten och tänker på hur livet är fullt av de bästa höjderna och de sorgligaste dalarna.

Omars liv och mitt liv är väldigt olika varandra. Hans föräldrar flyttade inte till ett nytt land för att de ville utan för att de var tvungna. De kan inte flytta tillbaka, inte på länge i alla fall. Det kan ju vi. Deras resa var farlig. Mina resor har varit trygga och säkra. Men vi är ändå lika varandra.

"Vet du om att vi har magiska ögon du och jag?" säger jag.

Han ser förbryllad ut.

"De har gråtit mycket och sett mycket, skrattat mycket och pratat när våra munnar inte kunde språket. Nu kan de se rakt igenom utsidan på folk och hitta en vän i vem som helst.

"Det har du rätt i! Det är som att vi har osynliga glasögon från alla platser vi har varit på som gör att vi ser allting på ett annat sätt. Det är inte viktigt hur man ser ut eller klär sig eller vilket språk man pratar. Det går att förstå varandra om man bara vill och då blir de flesta problemen små. Om folk bara visste hur kloka vi var skulle de göra oss till premiärministrar!" Vi skrattar åt tanken.

"Titta där! England!" ropar jag, och Omar vänder sig om och tittar medan vi glider närmre.

"Det är en bra plats," säger han. "Jag ska spela för Manchester United i framtiden!" Han ler och höjer ett ögonbryn.

"De behöver dig säkert," fnissar jag när han hoppar in i sitt sovrum för att göra sig klar för skolan. "Vi ses sedan!"

Föräldrar har alla möjliga orsaker till att ta med sina barn över världen. En del, som Omars, vill skapa en säker och bra framtid för sig själva och sina barn, borta från krig och våld. Andra, som mina, vill göra något bra för andra. (Jag antar jag borde vara stolt över dem.)

En del
föräldrar får
jobb i andra
länder och
andra är bara
äventyrliga
helt enkelt. Vi barn får
hänga med på den här
berg- och dalbanan som är
livet. Spännande, roligt, läskigt,
sorgligt och fullt av skratt!

"Tack så
JÄTTEMYCKET!" säger
jag till Abdi när han
lämnar av mig vid mitt
sovrumsfönster.

"Vem vet, jag kanske
plockar upp dig igen
nån gång," säger han,
vinkar och flyger vidare.

Jag ser mig i spegeln. Jag är mörk under ögonen. Jag gäspar. Jag har nästan inte sovit alls men jag känner mig lugn. Jag är redo för nästa äventyr. Jag ska packa min väska idag efter skolan men först ska jag ge Sarah min fotboll. Jag skriver dit min autograf med en stor märkpenna, så kanske hon kommer ihåg mig lättare? Sedan ritar jag mitt hus i England och mitt nya hem i Tanzania och en pil mellan dem och skriver: "Kom och hälsa på! Det är inte så långt bort som du tror!"

Jag lovar att berätta för henne hur jag har det i Tanzania. Hur lejonens päls glänser i solen, vad vi lär oss i skolan och om det finns någon där som är lika bra på fotboll som Omar. Mamma säger alltid att jag har magiska ögon. Jag tycker att hela våra liv är magiska.

Det är dags att gå till skolan. Dags att säga hejdå och ge sig ut på ett nytt äventyr.

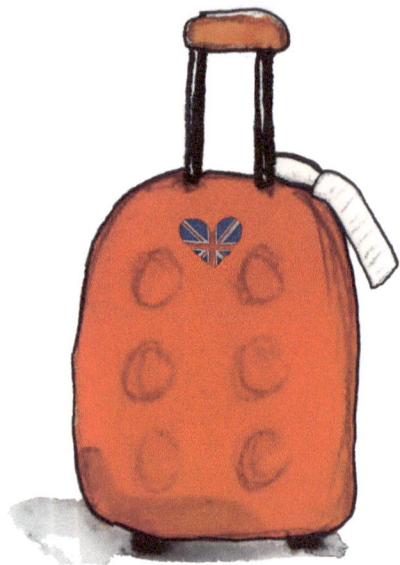

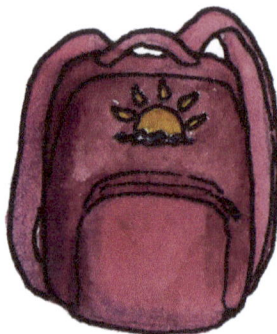

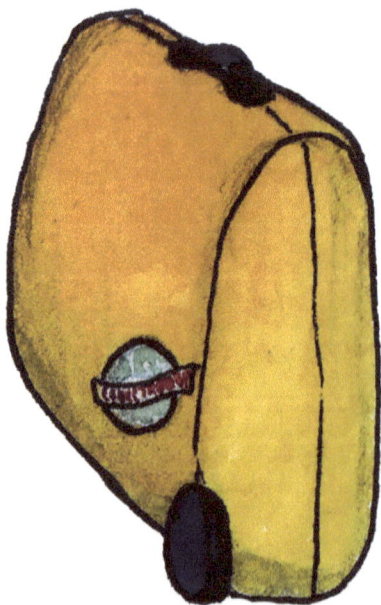

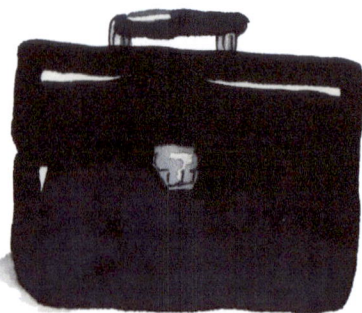

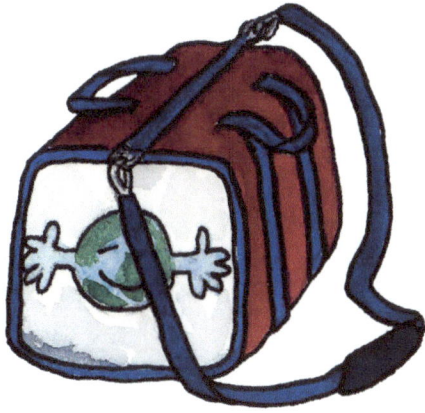

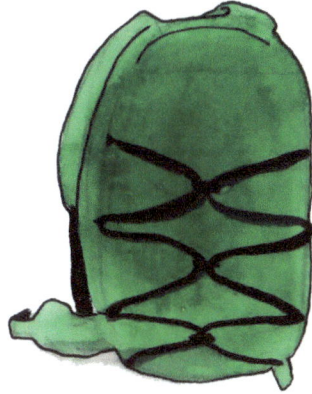

More from Springtime Books and Summertime Publishing

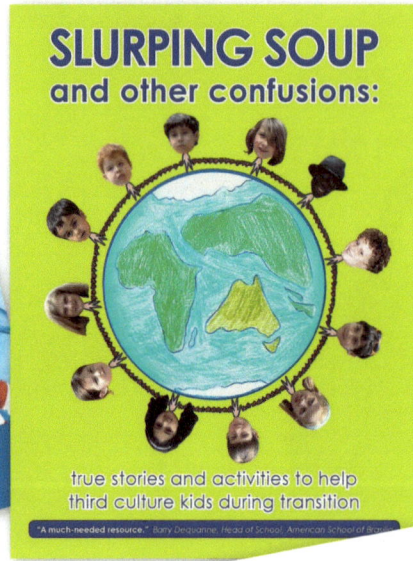

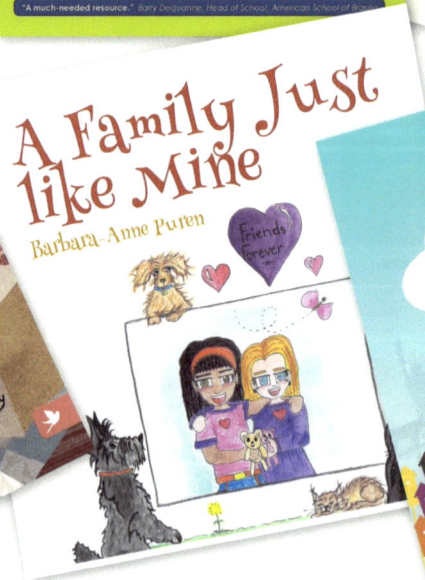

The Mission of Detective Mike Moving Abroad

Samantha Taylor Hutchinson & Jian Seren Illustrated dad

SLURPING SOUP
and other confusions:

true stories and activities to help third culture kids during transition

"A much-needed resource." Barry Dequanne, Head of School, American School of Bra...

my Moving Booklet

We will miss you very much and wish you all the best on your new adventures!

created by Valérie Besanceney

B at Home

Emma Moves Again

By Valérie Besanceney

A Family Just like Mine

Barbara-Anne Puren

Friends Forever

I'm moving!

Sara Wallén

www.ingramcontent.com/pod-product-compliance
Lightning Source LLC
Chambersburg PA
CBHW041241020426

42333CB00002B/37